白洲次郎・正子の夕餉

牧山桂子
写真・野中昭夫

新潮社

目次

白洲次郎・正子夫妻。東京・鶴川の自宅、武相荘にて

＊本書に登場する料理はすべて、白洲次郎・正子夫妻の長女である著者、牧山桂子氏によるものです。

＊それぞれの料理に付した✤は、牧山桂子氏による、白洲家での作り方の手順です。材料の分量や味つけなどは、各家庭でそれぞれ異なるかと思いますが、ご家庭で作られる際のヒントとしてお読みいただければ幸いです。

✤は、料理に使った器やテーブルクロスなどについての説明です。

＊一月から十二月までの各扉に掲載した花の写真は、旧白洲邸武相荘の庭でその季節に見られる植物です。撮影・速水諄一

白洲次郎・正子の夕餉

牧山桂子

写真・野中昭夫

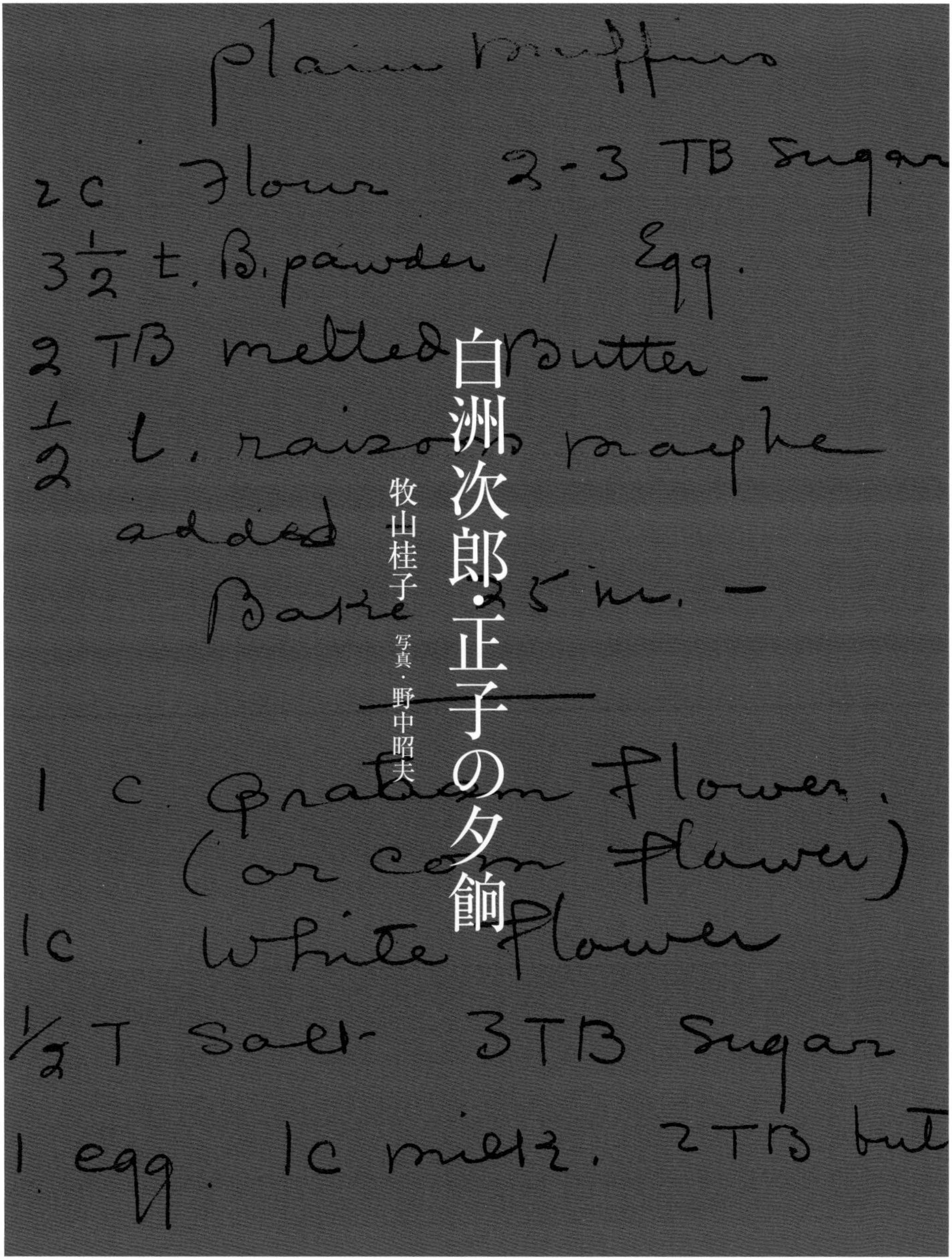
plain muffins
2C Flour 2-3 TB Sugar
3 1/2 t. B. powder 1 Egg.
2 TB melted Butter –
1/2 C. raisons maybe added
Bake 25 m. –
1 C. Graham Flower. (or corn flower)
1C White Flower
1/2 T Salt 3TB Sugar
1 egg. 1C milk. 2TB but

一月

January

からすみ、このわた、
このこ、ふきのとうの醬油まぶし、
わさびの葉の醬油漬け

上：ロウバイ
下：椿・数寄屋

からすみ、このわた、このこ、ふきのとうの醤油まぶし、わさびの葉の醤油漬け

からすみ、このわた、このこは、おなじみ京都の丸弥太さんから送っていただいた品々です。お正月のおせちにも必須課目でしたが、冬の間だけしかないもので、一月の終りになるとまた父にねだったものです。

このこを焙《あぶ》るのは母の仕事で、自分の席の横においてある父の作ったコンセント付きのテーブルの上の電気コンロで、原稿を書いている時以上の集中力を見せるのでした。彼女の陣取っていた席は台所に一番近い所にあり、父の座の反対側にそのテーブルがありました。いかにも「主婦でなければならない」母が守る最後の砦のようで、微笑ましく思ったものです。

一月も終りに近づき、秋に積って堆肥のようになった落葉をかきわけて探すと、ほんの少しですが、ふきのとうが出ています。大事に取って、春が来るのを感じます。

時々りっぱな葉の付いたわさびを頂戴することがありました。よく母は、味のついた籠に盛って眺めておりました。

晩年は、台所が正子さんの書斎となった

からすみは切るだけ。このわたは短く切り酒を少々ふりかけるだけ。このこは焙って皿にのせるだけ、です。ふきのとうはみじん切りにして醤油とお酒をまぶします。すぐにえぐみが抜けて味が変わります。酒肴にはぴったりです。わさびの葉の醤油漬けについては、どなたかに聞いたか、何かで読んだのか忘れてしまいましたが、眺めているわさびから葉がなくなって嫌な顔をする母を尻目に、葉を捨てるのがもったいないので、さっと茹でて醤油に漬けてみました。

小皿や豆皿にそれぞれ盛って、塗りの盆にのせた。奥のふきのとうの器は、伊万里印判手軍配型染付豆皿。右のこのわたの器は伊万里白磁しのぎ豆皿。

ふぐちり、ふぐ刺し、ふぐの白子焼き

ふぐちり、ふぐ刺し、ふぐの白子焼き

お取寄せです。父によくふぐを食べに連れて行けとせがんだものですが、値段のせいか、腰が痛くてお座敷が苦手だったせいか、あまり良い顔をしませんでした。今となっては何処のお店だったかわからないのですが、母が取り寄せてくれるようになりました。これはさる編集者が教えてくださった門司のお店からです。

お取寄せするとお薬味からポン酢まで全部揃っています。土鍋に昆布を浸しておくくらいしかすることはありません。白子は鍋に入れてうっかりすると溶かしてしまうので焼いていました。天火の上火で焼くのですが、皿が割れると困るので、申し訳ないのですが、割れても補充のきく夫の作の皿にしました。

伊賀の陶芸家、福森雅武作の土鍋を炭火にかける。豆腐の入れ物は牧山圭男作。奥の漬物鉢は幕末の伊万里印判手染付鉢。9頁のふぐ刺しの皿はふぐ屋さんから付いてきた皿で、あさつきの器は伊万里霊芝文染付鉢、ふぐ皮のは伊万里白磁輪花鉢、もみじおろしのは伊万里分銅型瑠璃小鉢。右頁の白子焼きの器は牧山圭男作。

ししのしゅんかん

　母が昔を懐しんで亡くなるまで食べたがっていた鹿児島の猪料理です。皮付きの猪のあばら肉を使うので、今回、祖父が買いに行っていたお店に電話をしてみたところ、既に鍋だけを出すお店になっており、肉はもう売っていませんでした。母の存命中に一度きいてみたことがあるのですが、その時はまだ肉を扱っていました。値段は忘れてしまいましたが、びっくりするほど高くて諦めたことを憶えています。結局母は食べずじまいでした。私は食べたことも作ったこともないのですが、あまりに母から話を聞かされたのですっかり自分も食べたことのあるような気になっていました。母の実家で作り方を聞いておいて良かったと思います。
　ある時、懇意にしている編集者で岐阜県出身のSさんにこの話をしたところ、なんと彼の親戚が猪を捕っているというのです。早速取り寄せていただいたら、皮付きどころか、毛がびっしりと骨付きの肉を覆っていました。まず毛をはさみとカッターで切り取りました。母の実家では薪風呂の焚き口に鉄の棒を突っ込んで真赤に焼き、残っている毛を焼き切っていたそうですが、既に薪で焚く風呂は我が家にはなく、しかたなくバーナーで焼き切りました。残った毛を外で焼いていますと何ともいえない獣くさい匂いがあたりに漂います。夢中になって焼いていると、ダウンジャケットを着ていた私の左腕があたたかいのに気がつきました。少し風のあったその日、風にのった火が袖に燃え移り、紫色の炎が袖を舐めていました。ダウンジャケット一着がおシャカとなりました。出来上がったししのしゅんかんは、母があのお椀に盛ったらぴったりだと言っていた黒田辰秋さん作のお椀に盛りました。あまり母の言ったことを聞くのも癪なので、白い鉢にも盛ってみました。あばら肉なのに脂っこくなくて本当に美味しくいただきました。

✿猪肉は丸ごとゆがいて一口大に切る。大根、にんじん、ごぼう、長芋、こんにゃくも一口大に切る。醤油と酒でおつゆをこしらえ、肉と野菜を入れ、肉に付いていた骨も一緒に入れて煮る。肉が煮えてきたら、焼き豆腐、油揚げ、長ねぎも入れてさらに煮る。

✿右頁の椀は、黒田辰秋作溜塗大椀。左は沖縄の大嶺實清《じっせい》作の碗。

生牡蠣

母は以前生牡蠣を食べてあたったことがあるらしく、それから生では食べませんでした。九段の「暮らしのうつわ花田」の松井さんの故郷、能登に連れていっていただき、牡蠣小屋で食べたという殻ごと炭火で焼いた牡蠣は大好きでした。殻付きの牡蠣を全部焼いて食べるというのを、私はネコババして生で食べていました。炭を熾《おこ》すのが面倒で、一度ガスレンジの上で焼いたところ、ガスレンジが真黒になり、あとの掃除が大変でした。こんなことなら炭を熾せばよかったと後悔しました。

母と違って父は生牡蠣が大好きで、ロンドンに行くと、日本のとは形も違い、ひらべったくてちょっと渋い味がする牡蠣を食べるのを楽しみにしていました。あるときロンドンで、彼の記憶では彼の学生時代からあるという生牡蠣を食べさせるお店へ行きました。そこで、父の注文の仕方が悪かったせいか、ウェイターの聞き違いか、グラタンになった牡蠣が運ばれてきたことがありました。その時の父の怒りはただならないもので、店の給仕長と私でなだめるのに苦労しました。英語が通じなかったんじゃないのと言うと、もっと怒りました。

✤ 牡蠣の殻をはずし、中の汁をこぼさないように皿につけます。レモンで食べますが、ポン酢もおいしいです。

✤ 江戸後期の瀬戸馬《うま》の目《め》皿に、殻付きの生牡蠣を盛る。

目刺し、くわいの揚げ物

お正月のお重に入れるくわいは私の大好物ですが、私以外、誰も食べないので、お重に入れず一人分だけ別にして食べていました。一人では袋で売っているくわいは多過ぎるので、薄切りにして揚げてみたところ、大好評でした。

目刺しは、豆腐と同じ理由（とても人様には言えない理由）で口にしなかった父と違い、母は大好きでした。

✤くわいは薄切りにして水にさらし、揚げる。目刺しは当り前ですが、焼きます。

✤江戸中期の織部油皿にくわいを、江戸後期の油皿に目刺しをつける。古墳時代の土師器《はじき》に椿を挿しました。

風呂ふき大根

母の大好物でした。長い間両親のために食事を作ってくれていた長坂そのさんが大変上手で、彼女のいない時に食べたいと言われて作ると、母は食べた後で必ず「長坂さんの方がおいしいわ」と言うので憂鬱でした。いくら教わっても、同じように作っても、今でも上手にできません。不思議なものです。

大根を厚めに切り、十字に切り目を入れ、下茹でする。昆布を敷いた鍋で水から煮る。茹で上がった大根に柚子味噌をかける。私はごまをふるのが好きですが、母は入れ歯に挟まると言って嫌がりました。

秦秀雄旧蔵の江戸初期の織部図替り皿に、風呂ふき大根をのせる。

酢の物

情報過多のせいでしょうか。野菜を食べなければいけないというプレッシャーが常にあります。父が畑をやっていた頃と違って、今は採りたての野菜にありつけることはあまりなくなりました。なかなか野菜をおいしく食べるというのは難しいような気がします。父は個々の小鉢につけると義務のように野菜を食べていましたが、この品のように一つの鉢に大盛りにすると手を出しました。

蕪、にんじん、セロリ、大根、きゅうり、たまねぎなどあるもので。
昆布を酢につけておき、細く切る。野菜は棒状に切る。全部混ぜて、昆布をつけた酢、塩、砂糖で味をつける。

和紙を敷き、大正時代の古ガラスに酢の物を盛る。

フルーツ・マセドアン

時折ゆっくりした夕方などに、父がメシの前にシャンペンを開けようかと言うことがありました。でもいくら酒飲みの父娘でもシャンペン一本は二人で飲めません。開けたあと、いくら栓をきっちりしておいても、気のせいか次に飲みたくなった時には何となく気が抜けてまずくなっています。その上父は栓を開ける時の「ポン！」という音も、シャンペンの味の一つだと信じていました。ある時どうしても飲みたくなった気持ちが、あとで気の抜けたシャンペンを飲むという事実に勝ち、シャンペンを開けて飲み、栓をしておきました。二、三日後に果物にかけて食べた所、おいしくて、それからはシャンペンを開けるのに、躊躇しなくなりました。

苺、バナナ、オレンジなどの果物をひと口大に切っておく。干し杏などの干した果物をシャンペンに漬けておき、果物と混ぜる。

これも大正時代の古ガラスです。

二月

February

ピロシキ

私が少女だった頃、美智子様で有名になった旧軽井沢のテニスコートのそばに、白系露人の経営していたロシア料理のレストランがありました。そこのレストランで初めて名前を知ったピロシキがおいしくて、しばしばその店で食べたり、買って帰ったりしたものです。このレストランのテーブルの上には、父の大学時代の思い出であるLEA AND PERRINSのソースが置いてあり、そのソースをピロシキにつけて食べたものです。このレストランはいつの間にかなくなってしまいましたが、子ども時代が懐かしく、時時作っています。父は思い出のソースをつけて何個も食べていました。

上：椿・黒侘助
下：紅梅

合い挽き肉とたまねぎのみじん切りを炒め、茹で卵、マッシュポテトまたは春雨を加える。強力粉にイーストを加えて作った生地にくるみ、揚げる。

テーブルクロスは古い紅型《びんがた》の布。牧山圭男作の角鉢にピロシキを盛る。

鮭のハンバーグ

どこから来たのか知りませんが、私の子どもの頃から、食卓に登場していた料理です。鮭缶で作っていましたが、塩鮭のしっぽの方など塩出ししてもできます。生鮭でもおいしくできます。

✿ 塩鮭なら塩出しし、生鮭ならそのまま月桂樹の葉などの香草と一緒に蒸し焼きにする。ホワイトソースを固めに作り、ほぐした鮭と混ぜて小判型に形を整え、フライパンで両面を焼く。つけ合わせはブロッコリーです。

✿ 伊万里染付中皿（江戸中期）に、鮭のハンバーグを三つずつ盛りつける。テーブルクロスにしたのは藍染の半纏です。

いかの詰め物煮込み

お刺身用に買って来たいかが、ちょっとナー、という時に時々作っていました。日本人の御多分にもれず、両親ともイタリア料理が大好きでした。

✿ いかはわたと足を取り、足をみじん切りにする。胴は裏返す。ほうれん草を茹でて水切りし、みじん切りにする。にんにくとたまねぎをみじん切りにして炒め、みじん切りにしたパセリといかの足も加えてさらに炒める。そこに、ほうれん草と茹で卵を加え、パン粉を入れて汁を吸わせる。これをいかの胴に詰めて、粉をまぶし炒め、トマトと香草を入れ、白ワインを入れて蓋をして、火を通す。

✿ クロスに更紗を、器には益子の大皿を用いました。

牛肉とにんにくの蒸し焼き

本当に小さかった頃から知っている青年がいます。彼は既に結婚して可愛い子どもが二人いますが、私の気持ちの中では、彼はつい最近までその子ども達くらいの年齢でした。今りっぱに成長して北海道で牧場を経営しています。そんな彼が目をキラキラさせて将来の夢や希望を語るのを聞くのは、私にとって、とても楽しい時間です。時々肉を送ってくれますが、ほとんどが私の聞いたことのない部位です。私の知っている肉の部位など、ロース、ヒレ、もも、一歩進んで肩ロースくらいのもので、知識の浅さを痛感しています。この料理に使った肉も、「ともさんかく」と書いてあり、何だこりやと思いました。

彼は相馬《そうま》野馬《のま》追《おい》で知られる相馬藩のお殿様の跡取りで、相馬家の祖とされる平将門から数えて四十四代目、相馬家となってから三十四代目にあたります。ただ今「トノサマビーフ」というブランドを立ち上げるべく奮闘中です。何を隠そう、今をときめく麻生総理大臣の甥御さんです。

牛肉のかたまりの数ヵ所に、にんにく、塩、粒こしょうを詰める。牛肉の表面を焼いたら、蓋の上に水をためることのできる鍋に入れ、蓋に水を注す。鍋ごとオーブンに入れ、天板にも湯を注し、蒸し焼きにする。水分が蒸発したら湯を足す。つけ合わせのパスタには、肉から出た汁をからめる。

中国・清朝瑠璃大皿に映えます。敷いた布は単衣小紋、波に舟。

野球の観戦をする正子さん（右から２人め）と次郎さん（後列左端）

ミートボール・ストロガノフ

私の夫の母がよく作ってくれた、夫のおふくろの味です。我が家にも導入しました。食器によってごちそうに見えるのが取柄です。

✤牛挽き肉、パン粉、卵を混ぜ合わせ、ハンバーグの種のようにする。小さなお団子状に形を整えて炒める。肉団子を取り出し、たまねぎときのこを炒め、肉団子をもどし、小麦粉をふり入れ、スープを注し、煮る。バターライスを添える。食べる時にサワークリームをかける。

✤イギリス、ミントンの器を使いました。

杏のタルト

アメリカ人の友人で才女のエイミーが食べさせてくれたお菓子です。彼女は実に簡単にお菓子を作り、デコレーションなどは我々日本人にはない感覚で楽しませてくれます。母に食べさせたら、アメリカで過した十代の頃を思い出して喜んだことでしょう。

干した杏を茹でて細かく切る。バター、小麦粉、砂糖を混ぜ、焼皿に伸ばしタルト台を焼いておく。卵、三温糖、小麦粉、ベーキングパウダーを混ぜ、杏とくだいたくるみを合わせ、焼いておいたタルト台に流し入れ、天火で焼く。

焼き上がった杏のタルトを牧山圭男作の皿にのせる。

春野菜の三品

芽キャベツ、
蚕豆とにんじんのマヨネーズ和え、
アスパラガスとセロリとにんじんの炒め

三月

March

上：福寿草
下：カタクリ

春野菜の三品

芽キャベツは父の大好物でした。彼は芽キャベツとは言わず、シュードゥブリュセルと、英語では何と言うのか知りませんが、英語訛りのフランス語で言っておりました。

蚕豆とアスパラガスは母の大好物でした。彼女はアスパラガスの根元の方をたくさん残して食べるので、根元の方をもったいないと思うほど切って出すと、それでももやはり根元を残して食べるのです。それならこうしてやるとばかり五センチくらいまでに切って出すと、全部食べました。蚕豆は時期になるとたくさん茹でておいて、いつもテーブルの上にあり、母は通りがかりにちょいとつまんだりしていました。彼女はあまり身の入っていない若い蚕豆が好きでした。まだ残っているうちに次の蚕豆が到着し、しかたなく古い方を冷凍にしていました。蚕豆が姿を消す頃に冷凍庫から出しますと、冷凍にしたものはまずいと言って手を出しませんでした。このようにサラダにすると、騙されて食べますが、茹でただけの方がおいしいと、必ず嫌味を一言。

芽キャベツは色が変わるくらいまでよく茹でて、バター、塩、こしょうをからめる。茹でた蚕豆を皮から出す。にんじんの細切りはさっと茹でて、合わせてマヨネーズで和える。

アスパラガスはさっと茹で、セロリとにんじんの細切りと一緒に塩こしょうで炒める。

手前、蚕豆とにんじんのマヨネーズ和えの器は瀬戸黒釉菊花文片口、左奥の芽キャベツは瀬戸菊花文鉢。右奥は19世紀のフランス古陶器。大きな藍染の暖簾を敷いています。

牡蠣フライ、牡蠣のソテー、えびとほたて入りパイ

牡蠣フライは生牡蠣が残った時によく作りました。火の通った牡蠣は母も口にしました。母はパイ料理が大好きで、吉田茂さんの大使時代の料理長だった人が始めたレストランでよく注文していました。彼女はこのようにパイの皮に入った料理をブッシェと呼んでいました。

牡蠣フライは皆様御存知のとおりの作り方です。

牡蠣のソテーは小麦粉をまぶして焼くのですが、友人の家で食べた、カレー粉を粉に混ぜて焼いたのがおいしかったので、以後カレー粉を混ぜるようになりました。

えびとほたては白ワインをふりかけて、弱火で蒸し焼きにする。ホワイトソースには蒸し焼きした時の水分を足して伸ばす。えびとほたてとホワイトソースをパイ皮に詰めて、天火で焼く。

皿は三点とも、沖縄の大嶺實清作。更紗の布に映えます。

いちじくと生ハム

いちじくの季節を母は楽しみにしていました。果物屋さんで目にすると必ず買って来ました。いちじく好きが昂じて父にねだっていちじくの木を植えてもらったことがありましたが、実が食べ頃になったとたんに全部鳥のごちそうになりました。その上二、三年するとどういう訳か木が枯れてしまい、白洲果樹園は夢と化しました。最近は便利になって、春にもいちじくが食べられるようになりました。

中近東の布を敷き、明朝白磁鉢に生ハム、輪切りにしたいちじくをつける。彩りにパセリを少し。

レモンムース

捨てられる運命のレモンの皮があるために、数倍おいしそうに見えます。

レモンは半分に切り汁を搾る。卵黄と砂糖を練り、レモン汁を加え、湯煎にする。ふやかしたゼラチンを加える。そこに、それぞれ泡立てた生クリームと卵白を混ぜる。レモンの皮をケースに見立て、切り口の周りにホイルを巻き、高さを出してムースを詰めて冷やす。

日本の古ガラスに盛る。下のクロスは薩摩絣。

四月

April

上：ミズヒキ
下：トキワイカリソウ

桜鱒の塩焼き

毎年桜鱒の時期を母は楽しみにしていました。同時に大好きな桜も楽しみにしていました。桜も鱒も、自分の年齢からいって今年が最後かも知れないと思ったのか、見たり食べたりするとあなたたちよりもっときれいで、おいしく思えるのだと言うのが、亡くなる五年ほど前から常となっていました。誰にだって最後かも知れないのに。

桜鱒は切り身にして塩焼きにします。この時ばかりは炭を熾して焼きました。

デルフト色絵大皿（18世紀）に、焼き上がった桜鱒の塩焼きを豪快に盛る。

鯖ととり貝の刺身

丸弥太さんからのお取寄せです。鯖は塩がしてあり、大根おろしとポン酢でいただきます。

季節のとり貝は本当においしいものです。生わさびをおごりました。

白山吹の花が三輪、写真に写っていますが、母は皿に料理と一緒に花が添えてあるのは、きゅうりの花以外嫌いでした。とくに蘭の花などが添えてあると、すぐに取り去っていました。


鯖は丹波鉄釉中皿に、とり貝は伊万里白磁八角中皿に、それぞれつける。大根おろしは古染付の小鉢につけました。

筍と椎茸の炒め物

筍の時期には、生えては困る場所の筍を掘るだけでも、どんどん出てきて大変です。煮たり、焼いたりして、そろそろ食べ飽きた頃によく作ります。売っている真空パックや缶詰の筍で作るより数段おいしいです。竹林の中に椎茸のほだ木が並んでおり、何か相性が好いのかと思ったりしました。

✤ 筍は茹でて薄切り、椎茸は丸のまま、炒める。牡蠣油、塩こしょう、酒、醤油、砂糖で味をつけ、わけぎのざく切りを合せる。

✤ 江戸後期の丹波白釉大皿に盛りつける。テーブルクロスは古い紅型です。

鯛の黒ずし

私は鯛のあら煮や、潮汁などの骨をしゃぶったりするのが大好きですが、両親は入れ歯がどうのこうのとか、自分達の魚の食べ方が下手なことを棚に上げて、あまり良い顔はしませんでした。母方の祖父は魚の食べ方が上手で、母を飛び越して私のところに遺伝して来ました。鯛を一尾買って、両親には身を食べさせて、美味しいところは私が家に持って帰っていました。

鯛の黒ずしは、どなたでも御存知の京都のお料理屋さんがデパートに出店しているお店で食べたものを真似してみました。ちょうどよいお皿がなかったので、夫に注文して作ってもらいました。彼は皿にお月様とすすきが描いてあるのに見えないのが御不満です。お料理屋さんのようにはいきませんが、まあまあです。

すし飯を皿に薄く敷き、上に鯛のお刺身を薄く切って並べ、煮切り酒と醤油を合せて刷毛で塗り、木の芽を散らします。

左頁が牧山圭男作の器です。

すっぽん鍋

父が西洋料理のすっぽんのスープを飲んでいるのを見たことはありますが、鍋は、すっぽんの身が入っていて、苦手な骨のせいか、亀を連想してしまうのか、良い顔をしませんでした。

　東京のお料理屋さんでは食べたことがないのですが、京都に行くとよく母に食べに連れて行けとせがんだものです。母の存命中は、伊賀の陶芸家の福森さんが、時々鶴川の家にいらっしゃって母のために作ってくれました。へえー、家でもできるのだと思いました。母が亡くなって、これでもうすっぽん鍋とはお別れだと思っていました。ある日、丸弥太のおかみさんにすっぽんのことをちょっと訊いてみますと、「ありまっせ」といううれしい返事が返って来ました。でもすっぽんが届いても、生きたすっぽんをさばく勇気は私にはありません。指にかみつかれると指がとれてしまうなどという怖い話も頭をよぎりました。

　それより以前、丸弥太さんに京都でどこかお料理屋さんを紹介してとお願いし、紹介していただいたお店がありました。御夫婦二人でやっているお店で、京都に行くたびに立ち寄っています。すっぽんはそこの御主人がさばいてくれます。バンザイ！

さばいてあるすっぽんの甲羅、首、足先などと、水と大量の酒、しょうが、卵の殻を入れてだしを取る。そのだしに昆布としょうが汁と薄口醤油を足し、また酒も足し、すっぽんの身を入れて煮る。いただく時も、さらにしょうが汁をかける。

土鍋と水コンロは福森雅武の作。取り皿には伊万里くらわんか手染付鉢を使いました。飛騨高山の有道《うとう》杓子ですくっていただきます。

やりいか、切り干し大根

私の感じからすると、父がたこやいかの煮た物を好きだというのは意外でした。あまりいかの煮た物が好きでなかった母のために、切り干し大根を作りました。私が何故いかの煮た物があまり好きではないのかと母に訊ねると、「私《わた》しゃうまいものが好きなのよ」と言い放ち、私の怒りを買うのでした。

✤やりいかは醤油、酒、少量のみりんで煮る。やりいかは煮すぎても固くならないので安心です。
切り干し大根はもどして、油揚げと一緒に酒、醤油、みりん、だしで煮ます。

✤鯛の絵が描かれた江戸後期の瀬戸石皿に、やりいかをつけてみました。切り干し大根の器は、江戸後期の京焼百合型向付。毛氈を敷きました。

オレンジソースのクレープ

クレープは便利なもので、たくさん焼いて冷凍庫に入れおき、ホワイトソースとカニとチーズなどを包んで天火で焼いたりして食べています。オレンジソースのクレープは、レストランではきれいに巻いてありますが、面倒なので並べただけにしています。

クレープは、薄力粉と強力粉半々、卵、牛乳を合せて冷蔵庫で寝かせておき、薄く焼く。皿に並べ、オレンジを搾った汁、おろした皮をかけ、砂糖をふりかける。さらにコニャックとコアントローをかけ、火をつける。

福森雅武作の台皿に、オレンジソースのクレープを何枚も並べる。

五月

May

上：黄ショウブ
下：オオヤマレンゲ

フルーツの前菜

私がしばらくの間お料理を習いに行っていた先生が教えてくださったものです。先生はフランスに長く暮らした方でした。最近は、お料理を習いに行くと、先生の作ったお料理ができていて、食べながら作り方を聞くというのが多いようですが、その先生のところでは、最初から全部作らせていただけました。

メロンは半分に切るだけにしないと、中央部に注いだお酒がこぼれてしまいます。人様にはお見せできないのですが、半分ずつお皿につけたメロンは、各自スプーンを持って回し食いをしていました。父のところでよく滞るので、早く回せと父は非難を浴びていました。

メロンは半分に切り、種を取りポートワインを注ぐ。アボカド、パパイヤ、キウイなどは適当な大きさに切り、ちぎったレタスの上に並べる。マヨネーズにウースターソース、ケチャップ、タバスコを加えたソースを作り、メロン以外はそれをつけて食べる。

コンランショップで買ったトレイの真ん中にメロン、周りにアボカド、パパイヤ、キウイを盛りつける。ソースの器は日本の古ガラス。クロスは刺繍の美しいインド古布。

小えびのサラダ

何かもう一品と思った時に、あり合わせのもので作っていたサラダです。えびがあり合わせとは不思議に思われる方もいらっしゃると思いますが、父は食材を買って来るのが大好きで、当時お世話になっていた大洋漁業から、冷凍のえびを分けていただき、それがいつも冷凍庫に入っていました。母は、自分が手に入れてきたガラスのお皿に満足していました。

小えびは、酒とくず野菜を入れて茹でる。サラダの野菜はたまねぎ、セロリ、きゅうりなど何でもよい。小さく切って塩をしておく。えびと野菜に茹でたグリーンピースを加え、マヨネーズで和える。

サラダを盛った足付きの器はドイツのガラス。取り皿は日本の古ガラスです。

アスパラサラダ

現在のようにアスパラガスがどこにでも売っていなかった頃から、アメリカで食べていたのでしょうか、母はこの時期になるとアスパラガスを食べたがっていました。やがてどこからか種をもらってきて畑で作っていました。アスパラガスは一度種を蒔くと、何年もの間収穫することができました。種を蒔いた最初の年は、細いヒョロヒョロのアスパラガスが芽を出します。次の年からアスパラガスらしいアスパラガスが出て来るのですが、母はそれを最初は知らず、ヒョロヒョロを見てがっかりしていました。

アスパラガスを茹でて、たまねぎの輪切りを散らし、好みのドレッシングをかけます。

幕末の伊万里印判手染付角皿にざっくりとつけました。

きゅうりのマリネ、くわいのベーコン巻き

採りたてのきゅうりに塩をし、フレンチドレッシングをかけたものです。母は、採りたてのきゅうりは塩か味噌で食べるのだと言って、御不満でした。くわいのベーコン巻きは、友達の家で以前食べたものです。家で作って母に食べさせたところ、作り方を教えろと言われ、びっくりしました。

缶詰のくわいをベーコンで巻き、楊子を刺して止め、天火の上火で焼く。

伊万里印判手染付角皿にきゅうりのマリネ、伊万里捻文《ねじもん》染付鉢にくわいのベーコン巻きを盛る。取り皿は伊万里印判手染付皿（奥）と伊万里白磁八角中皿（左手前）。

揚げワンタン

父はせっかちで、食事の前におつまみでビールを飲んだりすることができませんでした。おつまみはいつも食事のテーブルにのることになりました。この揚げワンタンはお気に入りの一品で、夫の母に教わったと言うと、料理のできる女はいいと父が言って、母の不興を買うのでした。

✣えびを細かくたたき、酒、しょうが汁、片栗粉、塩、こしょうを加える。その具をワンタンの皮に包み、揚げる。甘酢をつけて食べる。

✣李朝の台皿に揚げワンタンを盛りました。甘酢を入れた器は江戸後期の伊万里の猪口です。

チキンカレーと薬味いろいろ

母の兄である伯父が、シンガポールに行った際に友人の家でごちそうになり、作り方を教わって来たというカレーです。彼は料理の作り方などに興味がない人でしたのに、よほどお気に召したのか、作り方を書いて来たそうです。それ以来、我が家のカレーはこれになりました。

鶏一羽をぶつ切りにする。にんにく、たまねぎ、にんじん、じゃがいも、リンゴを全部すりおろす。まず、にんにくとたまねぎを炒め、カレー粉を入れてよく炒める。そこにトマトペーストを加え、にんじん、じゃがいも、リンゴを入れてさらに炒め、鶏肉と水を加え、煮る。豆をもどして一緒に煮込む。薬味は、粉チーズ、紅しょうが、松の実、らっきょう、ピクルス、福神漬け、オニオンガーリック、茹で卵などです。薬味を一種類ずつ皿につけるると、場所を取るし、何を取ったのかわからなくなってしまうので、またもや夫に頼んで薬味入れを作ってもらいました。

チキンカレーとご飯の器は、19世紀フランス製の洋食器です。薬味入れは牧山圭男作。

筆者の孫がこの道具でハマグリを獲ってきました

六月

June

クラムチャウダー

孫の潮干狩りのおみやげです。大きいものは焼きハマグリにします。父と食べた「その手は桑名の焼きハマグリ」を思い出します。父はなぜか、クラムチャウダーには必ず味もそっけもないクラッカーを欲しがり、私は何でこんなものがおいしいのだろうと思っていました。

上：アジサイ
下：ホタルブクロ

ベーコンを細く切って鍋で炒め、たまねぎ、じゃがいも、トマトを角切りにして、そこに加える。別の鍋で小さなハマグリを水から茹で、身をはずす。身と茹で汁をベーコンと野菜の鍋に入れて煮て、塩こしょうで味を整える。

子どもの頃にロシアで暮らした知り合いからいただいた、ロシア製のスープ皿です。

伊勢えびのテルミドール

禁漁直前にいただいた伊勢えびです。到来物は、身をお刺身にしたり、頭を味噌汁にしたりしていましたが、伊勢えびの身はお刺身にする時、殻からはずしにくくて憂鬱でした。その苦労の割に、父母二人ともお刺身をあまり喜ばないし、味噌汁の具には面倒くさがって手をつけませんでした。テルミドールは彼らの青春の思い出があるらしく、二人とも大好きでした。

✤伊勢えびは蒸して縦に割り、身をはずす。そこにホワイトソースとチーズをかけて、天火で焼く。つけ合わせはじゃがいもです。

✤テーブルクロスは更紗。石川県の陶芸家、岡本修作の扇面皿に、伊勢えびとじゃがいもを盛りつける。

鶏とにんにくの蒸し焼き

おいしい鶏が手に入る軽井沢でよく作りました。

✤鶏のぶつ切りを、丸のままの大量のにんにくと一緒に焼く。蓋の上に水をためることのできる鍋を用い、蓋に水を注し、きっちりと蓋をして、弱火で蒸し焼きにする。

✤江戸後期の丹波鉄釉大鉢に鶏とにんにくを盛りつける。母のスカーフをテーブルクロスに合わせました。

ポテトグラタン

フランス人なら誰でも作る、グラタン・ドフィノアです。天火で焼いてそのままテーブルに出すので、写真のようにグラタン皿と籠がセットになったものを買って来ました。母は籠に付いていたチェックのリボンが気に入らず、どこからか風呂敷を引っ張り出して来て、私に細長く切らせて、籠に巻きました。おかげで風呂敷はひと回り小さくなってしまいました。

✿じゃがいもとたまねぎを薄く切り、粉チーズと混ぜ、塩こしょうをする。それをバターとにんにくをこすりつけた耐熱皿に入れ、生クリームをかけて天火で焼く。

✿グラタン皿に巻きつけてあるリボンが、母の元風呂敷です。テーブルクロスは中近東のもの。

ローストビーフ

これも「トノサマビーフ」（24頁）です。以前、若いお手伝いさんが、肉の赤い部分を見て火が通ってないものと思い、薄く切って炒めてしまったことがありました。父は怒りましたが、私が知らないということを責めてはいけないといつも言うじゃないかと言いますと、ローストビーフの炒めたものを黙って食べていました。

✿牛肉をかたまりのまま焼くだけです。グレイビーや粒芥子をつけて食べます。

✿ローストビーフとソースはフランスの食器につけました。

蚕豆と卵白の炒め物

この蚕豆は、春の宴のなごりの冷凍ものです。卵の白身も、マヨネーズを作る時に残った分を冷凍しておき、もどしたものです。

◆ 蚕豆は解凍して皮をむく。卵白に、スープ、牛乳または生クリーム、酒、水溶き片栗粉を混ぜておく。蚕豆を炒め、そこに卵白を加え炒め、ハムのみじん切りを散らす。味つけは塩こしょう。

◆ 幕末の伊万里印判手染付大皿にたっぷりと盛りつける。取り皿は江戸中期の伊万里白磁輪花皿です。

車えびの辛いソース炒め

中国料理の乾焼明蝦《ガンシアオミンシャ》です。夫の母がよく作ってくれました。私の両親はともに、辛いものとさらにその上、殻をしゃぶるのが苦手だったので、食卓は私の独壇場でした。

頭付きの車えびを殻をむかずに三等分に切り、薄切りにしたしょうが、小口切りにしたねぎ、唐辛子と炒める。砂糖、酒、醤油、片栗粉の水溶きを合わせ、加えてひと煮立ちさせる。

器は42頁のやりいかと同じ、江戸後期の瀬戸石皿です。鯛にえび、です。

いんげんと挽き肉の炒め物

母は、私がこのような料理を作ると、翌日はヤキソバだと楽しみにしていました。我が家では、ヤキソバは上海風ヤキソバで、肉も野菜も残り物で作るからです。この料理もあまり皆が食べてしまうと、母はヤキソバが食べられなくなると心配していました。

いんげんは油通ししておく。豚の挽き肉を炒め、そこに醤油、砂糖、水またはスープを入れ、いんげんを加え、汁気がなくなるまで炒める。

幕末の伊万里印判手染付大皿にたくさん盛りました。打ち出しのスプーンですくって取ります。

オックステールのスープ

ある日、オックステールのシチューを作ろうと思って煮ていますと、父が思いのほか早く帰って来て、「メシ、メシ」と騒ぐので、そのまま塩こしょうで味をつけ、上にねぎを散らして食べさせてしまいました。意外においしいので、いつもシチューを作る前に、故意に挫折しています。

オックステールをやわらかくなるまで煮て、塩こしょうで味をつけただけです。白髪ねぎを添えます。

江戸末期の根来《ねごろ》椀を使いました。

棒々鶏［バンバンジー］とトマト

母はどこかで読んだのか、テレビか何かで見たのか、誰かに聞いたのか、定かではありませんが、トマトときゅうりを一緒に食べると体に良くないと信じていて、一緒にお皿につけるのを嫌がりました。それ故つけ合わせは、トマトの時、きゅうりの時、と分けていたものです。翌日は棒々鶏麺を楽しみにしていました。ちなみに、麺の時のつけ合わせはきゅうりです。

鶏はまずスープに浸して蒸す。蒸し上がったら取り出して、別に用意しておいた冷たいスープに浸して冷まし、細く切り分ける。ソースは、ごまを煎って擂《す》り、長ねぎ、しょうがとにんにくのみじん切り、醤油、砂糖、豆板醤《トーバンジャン》、ごま油を混ぜて作る。

瀬戸石皿の真ん中に棒々鶏を盛り、周りにトマトを並べました。

鴨の北京ダック風

なぜ「風」かと言いますと、北京ダックは皮だけを食べるのですが、調理が面倒なのと、残った肉が何だかおいしく食べられないので、肉も一緒に食べることにしたからです。

鴨猟をする方からいただいた鴨です。鴨は洗って水気をふき取り、こしょう、塩、酒をまぶす。腹の中に、炒めたねぎ、しょうがを詰めて、弱火の天火で焼く。熱いうちに蜂蜜とごま油を塗り、一晩吊るしておく。ねぎとしょうがを腹から取り出し、ゆっくりと油で揚げたら、骨をはずし、一口大に切る。

一緒に食べる長ねぎは、千切りにする。みそは、八丁味噌に砂糖、醤油、水、ごま油を混ぜて作る。

具を包む皮は、強力粉にごま油と熱湯を混ぜてこね、寝かせておく。棒状にして輪切りにし、めん棒で伸ばし、ごま油を塗り、二枚重ねて、さらに伸ばす。弱火のフライパンで焼くと膨れてくるので、二枚にはがす。

皮に、鴨、みそ、ねぎをくるんで食べる。

盆に葉蘭の葉を敷き、その上に盛りつけました。皮、みそ、白髪ねぎの器は牧山圭男作。

揚げ饅頭

市販の皮を使うより、自分で作った皮の方がおいしいのですが、楽だという誘惑にかられて、つい買って来てしまいます。わかりやしないと思って市販の皮で両親に食べさせると、不思議なことに、今日のはあまりおいしくないと必ず言うのでした。

✤豚の挽き肉を炒め、醤油、酒、砂糖、塩こしょうで味をつけ、煎り卵と刻んだニラも一緒に餃子の皮にくるんで揚げる。

✤大韓民国の三島手大皿（現代のもの）に、たくさんの揚げ饅頭をつけました。

獅子頭

檀一雄さんの本に出ていたものです。豚肉をたたいて作るのですが、揚げ饅頭（65頁）の皮と同じで、楽をして挽き肉で作るとおいしくありません。手間というものは味のうちだと痛感させられます。気まぐれの父から、突然夕食に帰ると電話があると、つけ合わせに茹で卵などを足したものです。

豚肉をたたいて、椎茸、きくらげ、ねぎ、にんにく、しょうがを加えながら、さらにたたき混ぜる。醤油、砂糖、ごま油、卵、水を切った豆腐を混ぜ、よくこねる。大きなお団子状に丸めて揚げる。さらに、スープで煮る。キャベツか白菜を途中で加える。

大きな大きな備前大鉢（幕末）にキャベツを敷き、その上に獅子頭を転がす。

中華ちまき

これも檀一雄さんの本に出ていたものです。糯米に具を混ぜて竹の皮でくるむのですが、くるみ方がうまくできなくて、紙を切って練習しました。父は張り切って庭の竹の皮を取っておいてくれるのですが、皮にびっしり毛が付いていたり、硬かったりなので、茹でてみたり、干してみたりしたのですが、使いものになりませんでした。父には使いものにならなかったとは気の毒で言えずじまいになりました。もし言っていたら、彼なりに何か工夫していたかも知れません。

✤糯米を洗い、豚肉、椎茸、鶏肝、ぎんなん、筍、栗などと、しょうが・ねぎのみじん切り、酒、醤油、ごま油を混ぜる。竹の皮にくるんで蒸す。

✤古い籠に竹の皮にくるんだちまきを入れる。取り皿は伊万里白磁八角中皿。テーブルクロスにした鮮やかな織物はキリムです。

ブレッド・プディング

パンが残ってしまって、固くなってしまった時のお食後です。これも母がアメリカでしばしば口にしていたらしく、いろいろと味に文句をつけていました。

固くなってしまったパンをコロコロに切り、卵、牛乳、砂糖、シナモン、バニラエッセンスを混ぜたものをかけ、天火で焼く。パンが本当に固くなってしまった時は、父が金槌で叩き割ってくれたものです。

スリップウェアを籠に入れて出しました。カスタードソースを入れた器は、幕末の丹波鉄釉塩壺。

抹茶のムース

母はおいしい和菓子がある時など気が向くと、気に入りのお茶碗を出してお薄を楽しむことがありました。もちろんお茶は自分で点てたりせずに誰かにやってもらうのです。抹茶も思い出したように買って来るのですが、そうしょっちゅう出番はなく、香りが飛んでしまうこともしばしばでした。抹茶はムースになる方が多かったように記憶しています。

✤ 抹茶は熱湯で溶いて砂糖を混ぜておく。ムースの周りにつけるソース用にも、少し取っておく。ゼラチンをふやかして、溶いた抹茶と合わせ、弱火にかけて溶かす。そこに、卵白と生クリームをそれぞれ泡立てたものを、さっくりと混ぜて冷やす。取っておいた抹茶に牛乳を加えて作ったソースを周りに注ぐ。

✤ 大きなムースは李朝白磁台皿に、小さなものは清末の染付小皿につけました。

舌平目のムニエル

七月

July

上：アサガオ
下：エノコログサ

ロンドンに行くと、父とドーバーソール（舌平目）をよく食べに行きました。ドーバーソールはびっくりするくらい大きくてとてもおいしいものでした。人づてに聞くと、もうそんなに大きなものは獲れないそうです。父は日本の舌平目が小さいのが不満でした。

舌平目は皮をはぎ、小麦粉をふり、バターとサラダオイルで焼きます。ロンドンで食べたものは、恐ろしい量のバターで作ってありましたが、罪悪感にさいなまれそうでそんなにはバターを使えず、サラダオイルと混ぜることにしました。罪悪感にさいなまれて食事をすると、全部脂肪がお腹に付くような気がします。つけ合わせは必須課目のこふきいもと、タルタルソースです。

江戸中期の伊万里染付大皿に葉蘭の葉を敷き、舌平目を並べる。こふきいものほか、レモンとクレソンも添えました。

冷製トマトのカクテル

野菜のおいしい軽井沢で時々作りました。父は軽井沢では、今はあまり見かけない足の付いた古い形のグラスに、自分で作ったドライマルティーニを注いで飲んでいました。トマトのカクテルをそのグラスに盛りますと、食卓にドライマルティーニを持って現われた父は、酒と同じグラスに料理がついているのは嫌だと言いました。父も母のように、食器についてとやかく言うことがあるのだなあと思いました。

✤トマトをさいの目に切る。にんにくをすりおろす。そこに、サラダオイル、ワインビネガー、パセリ、好みの香草などを全部混ぜて、冷やす。この時はえびも入れました。

✤色、形がさまざまな大正時代の氷コップに分け入れてみました。

グリーンピースのリゾット

リゾットは時間が経ったり、火を通し過ぎたりすると、おかゆになってしまいます。食べる人が全員揃ってからでないと作らなかったのですが、ある日、父が夕食の始まってしばらくしてから帰って来て、リゾットを食べ、誰が腹をこわしているのだ？　と言いました。

米は洗わずにオリーブオイルでよく炒め、スープを少しずつ注していき、頃合いを見ます。出来上がりにグリーンピースとパルメザンチーズを加えます。グリーンピース以外でもさまざまな食材でできます。

伊万里大根文染付鉢に少しずつつけていただきます。

フォアグラ入りブリオッシュ

あまり上等ではない缶詰のフォアグラも、ブリオッシュの種に包んで焼くとおいしくいただけます。ピンクのシャンペンをおごりました。

ブリオッシュの種は、強力粉に卵、牛乳、バター、イースト、塩、砂糖少々を入れて作ります。種にフォアグラを包み込んで、オーブンで焼きます。きゅうりは塩をしてしばらく置いただけのものです。

デルフト色絵大皿（18世紀）にブリオッシュを、フランスのカフェオレカップにきゅうりを盛りました。

ポトフ

未だに上手にできません。このときもスープが濁ってしまいました。どこかレストランで食べたいと思うのですが、ポット・オー・フーは家庭料理らしく、レストランにはありません。後日、カレー・ルゥを入れて、最初からカレーを作ったような顔をしてすましていました。

牛肉をかたまりのまま水から煮る。途中でにんじん、たまねぎ、セロリ、大根、じゃがいもなどの野菜を入れて、さらに煮る。味つけは塩こしょうで。スープはスープでいただき、肉や野菜は芥子をつけて食べる。

瀬戸馬の目皿に肉、野菜を盛り合わせ、幕末の瀬戸小鉢をスープ皿にしました。芥子入れも瀬戸の麦藁手角小鉢（昭和の作）です。テーブルクロスは更紗。

キッシュ・ロレーヌ

最近は市販のパイ皮もおいしいものができて、手軽にパイ料理が作れるようになりました。両親が健在の頃は、そのようなものはなく、そこら中粉だらけになって嫌な思いをしたものです。

刻み込みパイ皮を伸ばして型に敷き、空焼きする。卵、生クリーム、チーズ、切って湯がいたベーコンを混ぜた具を、空焼きしたパイ皮に注ぎ、オーブンで焼く。

奥はフランス製の陶皿（20世紀）で、手前の小皿は織部の現代作家のものです。テーブルクロスは母が使っていたイヴ・サンローランのスカーフ。

チーズケーキ

ある時、母が大好きだったお店のチーズケーキを一切れ冷蔵庫に入れておいたのを、私が食べてしまったことがありました。母は自分が食いたかったのだとしつこく言うので、しかたなく作ったところ、結構満足してそれからはあまりお店で買って来ることはなくなりました。そんなことになるなら、あの時東京まで買いに行った方が、後々のためだったと後悔しました。

カッテージチーズは裏漉しする。ゼラチンを水でふやかし、砂糖、卵黄、パイナップルジュースを加え、湯煎にして混ぜ合わせる。冷ましてトロリとなったら、そこに裏漉ししたチーズを合わせ、生クリーム、卵白の泡立てたもの、刻んだパイナップル、レモンの皮のすりおろしを混ぜて、型に入れて冷やす。型から出し、表面にアーモンドの粉末をまぶす。

チーズケーキをホールで置いた皿は日本の古ガラス。ひよこの絵の可愛いガラス皿は、スウェーデンのコスタ・ボダ製。木綿の着物を敷きました。

軽井沢の夕餉

軽井沢の家のデッキで、早めの夕ごはんを。焼き鳥台をのせたテーブルは白洲次郎作。藍染の風呂敷を敷きました

焼き鳥をすると、もうもうと煙が立ち上るので、外で焼くことに決っていました。鶴川の家で焼き鳥をするということになりますと、外にいても寒くない時期は、蚊の総攻撃に遭います。また、台所が離れていて面倒なことも多いのです。その上、父のお気に入りだった軽井沢の焼き鳥屋が閉店した事情もあって、焼き鳥は軽井沢の家で、ということになっていました。

当初は、軽井沢の家に昔からあった数個の時代物の七輪で細々と焼いていましたが、七輪では焼く本数が限られるのと、串も焼けてしまい、ひっくり返す時に熱くて串を持つことができません。とうとう焼き鳥専用の焼き台を買って来ました（それももう時代物になっています）。それで串の根元の熱いのは解決しました。

また、手羽先やつくねは火が中まで通りにくく、せっかちな父は焼き上がるのを待っていられなかったので、一計を案じ、焼けにくいものは、前もって火を通しておくことにしました。それでその件も解決しましたが、父はそれまで彼の役目であった炭を熾すという仕事を取り上げられ、淋しそうでした。

手羽先

火が通りやすいように、裏側に包丁を入れておき、塩をまぶして焼く。

つくね

鶏の挽き肉に、醤油、砂糖少々、塩、片栗粉を入れ、よく混ぜる。小さなお団子状に丸めて茹でる。茹で汁は取っておく。茹でたお団子を三つずつ串に刺し、たれをつけて焼く。卵を入れるとふわっとしますが、両親とも固いつくねがお気に入りでした。

きも

適当な大きさに切り、よく水気を拭き取り、たれで焼く。

砂ぎも

適当な大きさに切り、塩で焼く。

皮

適当な大きさに切り、取っておいた、つくねを茹でた汁でさっと茹で、塩で焼く。

もも

鳥もも肉を適当な大きさに切り、たれで焼く。

たれ

醤油、砂糖、酒、みりんをあわせ、ちょっと煮詰める。焼き鳥屋さんではたれをずっと使っていくそうですが、そんなことは私には怖くてできません。

もも、皮、砂ぎも、きも、つくね、手羽先

スープ

つくねと皮を茹でた汁に、酒、塩、薄口醤油で味をつけ、青ねぎの小口切りを散らす。

砂ぎもとザーサイ

私の大好きなお店で出されたもので、おいしいので真似しています。砂ぎもは茹でて千切りにする。ザーサイも千切りにして水に浸け、塩出しする。両方を合わせ、たくさんの塩・こしょうを揉み込み、ごま油で和える。

もずく

塩出しして熱湯を通す。以前は二杯酢にしていましたが、沖縄の宮古島の薄味のおだしで食べるのが、今は気にいっています。

揚げ餅

私は未だに上手にできません。息子のお嫁さんの実家のお母様が作ってくださったものです。

焼きたまねぎ

これも先述の私の大好きなお店で食べたものです。本当にここの主は天才です。両親に食べさせたらさぞ喜んだことだと思います。

たまねぎは直火で焼きます。サワークリームに、ピクルスや高菜、酢漬けらっきょうのような何か酸っぱい食材を細かく切って加えたものを、たまねぎにつけて食べるのですが、赤ピーマンも彩りに入れました。

息子が小さかった時に、ちょっと古い変な味のたまねぎを食べさせてしまい、彼はそれ以来たまねぎが嫌いになってしまいました。最初にこれを食べさせていたら、たまねぎが大好きになっていたと思います。食べ物の好き嫌いはこんなことで決ってしまうのかと思うと怖しい気がします。

焼きおにぎり

私もせっかちのために、途中で醤油をつける手間を省き、ご飯にかつおぶしと醤油を混ぜて焼いてしまいました。学生だった頃の息子の友人たちにも好評でした。当初料理のイロハを何も知らなかった私は、網をよく焼かずにおにぎりをのせてしまい、ご飯が網にくっついてひどい目に遭いました。

一夜漬け

きゅうり、キャベツ、蕪、大根、にんじんなど何でも、野菜をざくざく切り、塩をして漬けます。食べる時にごまをふります。これも最初は塩が多すぎて、何度も失敗しました。不思議に苦労して覚えたものは忘れないものです。

母の知識では、きゅうりとにんじんも一緒に食べてはいけないそうです。

焼きおにぎり、一夜漬け

焼きたまねぎ

揚げ餅

砂ぎもとザーサイ、もずく

ハイティー遊び

軽井沢の午後、次郎さんとのティータイム。ウェッジウッドのカップ&ソーサーでいただくのはラプサン・スーチョン（正山小種）。サンドイッチの白磁皿は水野克俊の作、サワークリームとジャム入れは昭和の作の瀬戸白磁八角鉢

軽井沢で過した夏の間に、雨が降り続いたり、母が東京に行って留守だったりした時など、たまに父とままごとのようなお茶ごっこをすることがありました。

父の友人のロビンおじのロンドンにある家で楽しんだお茶の時間を思い出して、サンドイッチなどを作っていました。ロビンおじの家では、きゅうりのサンドイッチだけでしたが、缶詰のアスパラガスのサンドイッチがおいしいので作っておりました。同じく、ロビンおじの家ではスコーンだけで、マフィンはありませんでした。ハイティーというのは昼間のパーティーのように大がかりなものらしいですが、アスパラガスのサンドイッチとマフィンが増えているところだけを拠り所にして、父と私の二人だけの子どものような秘密でハイティーと呼んでいました。

父はお茶を飲みながらロンドンでの昔話をするのが常でした。いつも同じような話をするので、その話はもう聞いたと言いたかったのですが、これも親孝行だと思って我慢して聞いていました。母が途中で帰って来ると、二人とも何か後ろめたく、そそくさと片付けたものです。そのような日の夕食は、父と私はあまり食べたくなくて簡単にしてしまうため、母は不満顔でした。

自宅庭でくつろぐ白洲夫妻

きゅうりのサンドイッチ

きゅうりを薄切りにし、塩をして、バターを塗ったパンに、マヨネーズと一緒に挟みます。

アスパラガスのサンドイッチ

缶詰のアスパラは、きゅうりと同じくパンに挟みます。上に、レーリッシュ（ピクルスのみじん切りなど）を散らします。

スコーン

本を見て作っていましたが、何だか上手にできず、昔ロビンおじの家にいた料理をする太ったおばさんに教わった作り方があったことを思い出し、変色した紙を探し出しました。彼女は英語を話さない人類は地球上には存在しないと信じているように早口でまくし立てるので、聞き取るのに苦労したのを憶えています。

薄力粉、ベーキングパウダー、塩、砂糖をあわせてふるう。バターをコロコロに切って加え、フードプロセッサーでこねない程度に混ぜる。ボウルに取り出し、牛乳とサワークリームを入れ、ひとまとめにして伸ばし、丸い型に抜いて天火で焼く。

マフィン

バターを柔らかくして、砂糖を少しずつ加え、卵を入れ、混ぜる。薄力粉とベーキングパウダーをふるい、そこに加え、干しぶどうを入れて天火で焼く。

サワークリーム

当時はあまり市販されていなくて、生クリームにレモン汁や酢を入れて「もどき」を作っていました。

ジャム

マーマレードとブルーベリーです。

軽井沢風景

軽井沢風景

八月

August

とうもろこし、枝豆、ビール

父の大好きだったこのビールジョッキは、父の友人であった、アサヒビールの山本為三郎さんにいただいたものです。バーナード・リーチによるデザインと聞いています。

　緑色のグラスは、同じく父の大学時代の友人のロビンおじからいただいたウィスキーの瓶をカットしたものです。カットしてくれる業者を探すのを、私の夫が父から頼まれて、さんざん探してやっと見つけたのを憶えています。

　とうもろこしは焼いたのが、父のお気に入りでした。

上：キツネノカミソリ
下：夏水仙

牧山圭男作の皿に、焼きとうもろこしを盛る。枝豆の器は幕末の瀬戸小鉢。

蒸し鮑

母は夏になると鮑のお刺身を好んで食べましたが、貝柱と言うのでしょうか、貝殻に付いている部分を横に切ったところを、ほんの二、三枚つまむだけで、他の部分は固いと言って手をつけませんでした。貝柱のなくなった鮑はお刺身では食べ切れず、蒸し鮑にしたりしていました。蒸して柔らかくなった鮑に彼女が手をつけそうになると、もう貝柱を食べたじゃないかと、嫌味の一つも言ったものです。

鮑は酒をかけて長時間蒸す。蒸した汁に醤油、砂糖、みりんを加え、煮詰めてトロリとさせ、鮑にかける。

江戸後期の伊万里赤絵瓔珞文《ようらくもん》皿に、小分けにつけました。

鰈の煮付け

父は魚の煮付けをあまり好きではありませんでしたが、鰈の煮付けだけは大好きでした。いまだに私は、鰈の頭をどちら向きに盛りつけるのか、わかりません。

砂糖、醤油、酒、水を合わせて、鰈を煮る。ししとうを焼いて、添えました。

九段の「暮らしのうつわ花田」で求めた長皿につけました。テーブルクロスは麻の葉文様を染めた綿布です。

かぼちゃとオクラ

母はこのような一皿を、生花のように目だけで楽しんで、ほんのひと切れしか手をつけませんでした。

✤ 干しえびを湯で戻し、かぼちゃの薄切りと一緒に油で炒める。オクラはさっと茹でてから炒め、カレー粉をほんの少々ふる。

✤ 揚げ饅頭（65頁）の器と同じ、大韓民国の三島手大皿にざっくりと盛りました。

ゴルフクラブを手にする
正子さん

梅干し

梅干しは漬け始めたら、毎年漬けないとよくないことがおこる、という言い伝えがあるそうです。聞いた以上実行しなければと思い、毎年漬けていましたが、今年はカビが出て駄目になりました。よくないことが起こるかと思いましたが、漬けたことは漬けたのだからと自分自身を納得させました。よくないことは何も起こりませんでした。また、今年は長い間続けていた糠床も駄目にしてしまいました。武相荘をオープンしてから失ったものは大きいです。

同じく、次郎さん

沢煮椀

母は私に何度も、このお椀を大事にしろと言っていました。何とか言う名人が作った日の出椀というお椀で、箱の蓋の裏に昭和十四年と書いてあります。名人と言われるだけあって、薄手で本当にきれいなお椀です。何だか上等すぎて、いいかげんな味噌汁などをつけるのがはばかられます。ではなにをつけるべきか、私が思いあたるのは、この沢煮《さわに》椀《わん》くらいしかありません。上品な煮物などが合うのでしょうが、私の手には負えません。母も手に負えなくて私にくれたのでしょう。

✤にんじん、ごぼう、筍、椎茸を細切りにする。三つ葉は適当な長さに切る。ごぼうは水に晒す。豚の脂身に塩をして千切りにし、さっと茹でる。おだしに薄口醤油、酒、塩で味をつけ、茹でた豚の脂身を入れ、煮立ったら、野菜を次々に入れる。

✤これが母から託された、昭和十四年と箱に書かれた日の出椀です。

おでん

普通のおでんでは何か物足りなくて、どこかの居酒屋で食べたことがあるような牛すじやソーセージまで入れた、邪道おでんです。両親も結構喜んで食べていました。

✤ 牛すじは柔らかくなるまで煮る。煮汁を昆布だしで伸ばす。そこに、練り物やソーセージ、茹で卵、こんにゃく、大根などを入れて煮る。我が家のふくろは、お揚げの中に、お餅、鶏肉、ねぎの小口切りが入っています。

✤ 京都・有次《ありつぐ》の銅製おでん鍋。取り皿は昭和期の三島手中皿。

太巻き、いなりずし、一夜漬け

いなりずしは、両親のために食事を作ってくれていた長坂さんがとても上手で、よくこしらえてくれました。父は母の分も食べてしまうほど、いなりずしが好物でした。私が作る時は、父が残すほどたくさん作りました。ちなみに太巻きは、自分のためのものです。

いなりずしのご飯には、黒ごま、しその葉の千切り、梅干しを漬けた時の赤じそ、にんじんの千切りをさっと煮たものなど、その時あるものを入れます。
太巻きは、かんぴょう、椎茸、卵焼き、切り三つ葉かきゅうり、うなぎか穴子、紅しょうがなど入れて巻きます。
一夜漬けはキャベツ、きゅうり、みょうが、しそです。

大きな籠に、太巻きといなりずしをいっぱいに並べました。一夜漬けの器は三島手の鉢です。

トマトと蚕豆のスープ

残り物の応用です。少しずつつけると、父母二人とも、器に騙されて喜んで、取替えっこをしたりして飲んでいました。

蚕豆のスープは、茹でた蚕豆を裏漉しして牛乳で伸ばし、塩こしょうして、少量の葛粉の水溶きを入れる。トマトのスープは、少量のバターで小麦粉を炒め、そこにトマトを手でちぎって入れ、ぐちゃぐちゃになったら裏漉しし、牛乳で伸ばし、塩こしょうする。

昭和期の輸出用デミタスカップに、それぞれのスープを少しずつつける。

バナナと生ハムのオーブン焼き、鶏皮のカリカリ焼き

バナナが盛ってある鉄鍋は、母がすき焼きをするつもりで買って来た鍋です。しかし、すき焼き鍋にはいつも使っているものがあり、この鍋は出番がありませんでした。母があまりにも鍋、鍋と言うので、ふと思いついてこのような前菜を作ったところ大喜びし、あまり鍋、鍋と言わなくなりました。

鶏皮は、もも肉を使った時に、端っこにぶら下がっているのを取っておき、揚げました。器にした大きな貝殻は、息子が沖縄の海岸で拾って来てくれたものです。

バナナには、バターを溶かしてまぶす。生ハムを巻いてオーブンで焼き、コニャックをかけ、火をつける。鶏皮は、ゆっくりと揚げて、塩をまぶす。

テーブルクロスはジャワ更紗。鉄鍋は江戸後期の作。

塩漬けタン

BSEのせいなのか、焼肉屋さんのせいなのか、最近お肉屋さんに行ってもあまり牛タンを目にすることがなくなりました。お店のガラスケースに並んでいるのを見ると、つい買ってしまいます。これは石垣島で買った石垣牛です（本当かしら）。

タンは皮付きのまま、串でぶすぶすと穴を開ける。黒砂糖、香草、くず野菜、塩、粒こしょうを水から煮立て、冷ましてからタンを漬ける。一週間ほどしたら、タンを取り出して、水に入れて柔らかくなるまで煮て、皮をむき、薄切りにする。つけ合わせはピクルスとプチトマトです。

牛タンを盛った皿は、大韓民国の三島手大皿です。敷いた布はインドの織物で、木製の犬のおもちゃもインド製。子どもが引いて遊ぶものだそうです。

ほたて貝のクリームソース

輸送技術が今のように進んでいなかった頃には、ほたて貝はあまり馴染みのない貝で、両親ともあまり好きではありませんでしたが、このお料理を作るようになってから、喜んで食べるようになりました。

たまねぎのみじん切りをバターでよく炒め、ほたて貝を入れて、七分通り火を通し、白ワインをふりかけたら、ほたてを取り出して、半分の厚さに切る。トマトはぐちゃぐちゃになるまで煮ておく。皿にそのトマトを敷き、その上にほたてを並べる。ほたてを炒めた鍋に生クリームを加えてクリームソースを作り、ほたての上からかけ、周りにも添える。パセリのみじん切りを飾る。

江戸後期の瀬戸石皿にたっぷり盛りつける。

シューファルシー

ハンバーグの種をキャベツに挟み込み、煮込んだものです。ちょっと豪華に見えるので、ちょいとお小遣いが欲しい時に作った覚えがあります。

丸のままのキャベツに、串で無数に穴を開けてから丸ごと茹でる。葉がばらばらに取れないように、一枚ずつ丁寧に開いていく。中央に残った芯は取って刻む。ハンバーグの種に刻んだキャベツの芯を加え、それを、開いた葉の間に挟み込む。キャベツを元通りに形を整え、ガーゼでくるむ。キャベツがすっぽり入る鍋に入れ、スープ、塩こしょう、湯がいたベーコンを入れて煮る。途中でじゃがいもを足す。中まで火が通ったら、キャベツを取り出し、残った汁に片栗粉でとろみをつけて、キャベツにかける。

京都の加藤静允《きよのぶ》作の白磁大鉢に、まるごとシューファルシーを盛りつけ、上からベーコンやじゃがいも、とろみをつけたスープをかける。木綿絣の着物を敷きました。

スイートポテトのコロッケ

父も母もスイートポテトが好きでした。縦半分に切って蒸したさつまいもの中に、スイートポテトが入っている、というのが好みなのでした。どうしても中身の方が残ってしまうので、ホイルなどに入れて出すと、よい顔をしませんでした。しかたなくその残った中身を冷凍庫に入れておきました。あくる日、父の好物のいもコロッケを作ろうと思い、パン粉などフライの用意をしていたところ、買っておいたと思い込んでいた挽き肉がなく、急遽スイートポテトに衣をつけて揚げました。その日はいいかげんなおかずで済ませましたが、二人ともこのお食後に気を取られて、文句を言いませんでした。

スイートポテトを俵型に丸めて、衣をつけて揚げます。

牧山圭男作の皿に俵型のコロッケをたくさんつけました。クロスは紅型二品です。

オレンジのアイスクリーム

私が初めてアイスクリームを食べたのは、父が講和会議のためにアメリカに行った際、帰りに立ち寄ったハワイで買って来てくれたものを食べた時です。こんなにうまい食べ物が世の中にあるのかと思いました。

オレンジの搾り汁と砂糖を混ぜて、冷凍庫に入れる。凍ったら、フォークでざくざくとほぐし混ぜる。そこに生クリームと卵白をそれぞれ泡立てたものと、オレンジの皮を擂り下ろしたものを混ぜ、再び冷凍庫に入れる。オレンジの輪切りを添える。

涼やかなガラス皿は、安土忠久の作。

九月

September

上：ゲンノショウコ
下：萩

オレンジピール

どなたでも御存知の元御旗本の奥様が食べさせてくださったものです。それにはチョコレートはついていませんでしたが、チョコレートが好きだった父のことを思い出してつけてみました。

オレンジは輪切りにし、皮は太めの千切りにし、コアントロー、水、砂糖で煮る。取り出して乾かしておく。乾いたらザラメをまぶす。チョコレートを溶かしてつける。オレンジの皮はアイスクリーム（103頁）の残りです。

オレンジピールやオレンジの輪切りにチョコレートをつけて、コスタ・ボダ製のガラスの大皿にたくさん並べました。インドネシアの鮮やかな赤い布を敷きました。

生野菜のサラダ

器のために作っていたようなサラダです。
母はこのガラスの大鉢がお気に入りで、何かと使いたがりました。かなり大きな器なので、洗うのにも神経を遣い、登場させるのに苦労しました。

きゅうり、にんじん、紫キャベツ、かぼちゃ、セロリ、大根、たまねぎを千切りにする。くらげは塩出しする。鶏のささ身は蒸してから細く裂く。煎りごまを添える。たれは醤油、酢、みりんを混ぜたもの。

サラダを盛った鉢、たれ差し、ともに昭和期のガラス器です。

小いもと茹でピーナッツ

母は朝刊に出ている月齢を見て、満月だと気まぐれにお月見をしようと言い出すことがありました。そうなると、やれすすきだ、やれ団子だ里いもだ、という騒ぎになりました。お月様にお供えした後に、小いもを塩やしょうがでいただきました。小いもはお月様の後で人間がすぐ食べられるように、蒸してからお供えしていました。茹でピーナッツはお月様のためではありません。

牧山圭男作の皿に、小いもにしょうがをのせてたくさん並べました。醬油皿は幕末の瀬戸角豆皿、塩入れは清朝色絵小鉢。茹でピーナッツは、昔の一合枡に入れました。

若狭の柳鰈と谷中しょうが

かつて京都でいつでも手に入れることができた柳鰈の一夜干しが、姿を見せなくなってから久しくなりました。母が京都に行った時のおみやげや、今はもうなくなってしまった旅館「佐々木」での朝ごはんなどを、楽しみにしていたものです。ある日、何気なく新潮社のSさんにその柳鰈の話をすると、あっさりと「今でもありますよ」と言って、取り寄せてくれました。久しぶりで懐しい友人達に出会ったような気がいたしました。鰈の縁側と頭は切り取ってから焼いていたものらしいのですが、縁側は捨ててしまうのだろうかと、時々思っていました。低温の油で揚げてみたら、美味でございました。

　谷中しょうがについては、父は、あんなに食べて大丈夫かと思うくらい、好きでした。

和田伊三郎作の大きな木鉢に竹の葉を敷き、柳鰈を盛る。鰈の縁側を揚げたもの、谷中しょうがを入れた器は、織部隅入角小鉢です。イッセイ ミヤケのスカーフを敷きました。

鶴川の自宅からの散歩道だった王禅寺にて

鮑のステーキ

母のお刺身（88頁）の残り物です。

- 鮑をバター少々と油で焼き、レモンを添えます。
- 明代の古染付貝文中皿に鮑と鮑の肝をつけました。

鮑とウニのご飯

定かではないのですが、父が東北電力にいた頃に、いちご煮というギョッとするような名前のものをどこかで食べた、と聞いた記憶があります。

青森に転勤した友人がおみやげにい

- 昆布だし、お酒、塩、薄口醤油で、鮑とウニを米の上にのせて炊く。
- 昔、京都の五条坂で買った、数少ない私の嫁入り道具の一つの土鍋で炊きました。鮑とウニをご飯によく混ぜていただきます。根来隅切盆に置いたご飯茶碗、漬物皿、箸置は、三点とも魯山人作のものです。

ちご煮の缶詰をくれました。それはいちごを煮たものではなく、ウニをいちごに見立てたもので、ウニと鮑を煮たものでした。その缶詰でご飯を炊くとおいしいと、缶詰に書いてありましたので、炊いてみると、なるほどとてもおいしいのでした。父はいちご煮のことをまったく忘れていました。母の刺身の残りの鮑と、殻付きの生ウニで作ってみたら、やっぱりもっとおいしかったです。

茹で卵と豚肉の煮物

男は卵だけ食べさせておけば、文句を言わないと思いました。

豚の肩ロースかバラ肉と茹で卵を、醤油、酒、砂糖で煮る。

フランスの大鉢に盛りました。

てぃびち

日本の多くの方と同じように、私も沖縄が大好きです。母も琉球の織物や染物が大好きでした。母も琉球の織物や染物が大好きでした。私が若い頃は、母は私に琉球舞踊の恰好をさせたがり、よく写真も見せてくれました。

沖縄に行くと、豚足を買って来ます。豚の足を柔らかく煮込んだものがてぃびちです。パリには皆様よく御存知の「ピエ・ドゥ・コション」というレストランがありますが、こちらも豚足という意味です。父はピエ・ドゥ・コションに行ったことがあるようなことを言っていました。この店の豚足料理は、沖縄のてぃびちのような煮込み料理ではないのでしょうけれど、作れば案外喜んだのかも知れません。

豚足を長時間茹で、醤油、泡盛、黒砂糖でさらに煮る。

沖縄の壺屋の大鉢にてぃびちを盛る。昔から家にあった器です。

洋風野菜のお惣菜五種

このように野菜ばかりの食事をすることがありました。みな健康になったような気がしたものです。

十月

October

上：サフラン
下：ツワブキ

◇焼き椎茸

椎茸は網で焼き、塩こしょう、レモン汁をかけて食べる。

◇ブロッコリーのアンチョビとガーリック炒め

ブロッコリーはさっと茹でる。にんにくとアンチョビのみじん切りを炒め、ブロッコリーを加える。

◇いんちきコールスロー

千切りにしたキャベツ、にんじん、たまねぎに、塩をして固く搾り、マヨネーズ、芥子、少量の砂糖で味をつける。

◇豆にドレッシング

ひよこ豆、レンズ豆など数種の豆を戻して茹で、ドレッシングで和える。

◇ポテトサラダ

じゃがいもは丸ごと蒸してから皮をむき、適当な大きさに切る。たまねぎ、きゅうり、ハム、セロリは薄切りにし、たまねぎときゅうりとセロリは塩をして搾る。茹で卵はざく切りにする。それらをマヨネーズで和える。

五品とも、江戸後期の伊万里染付中鉢に盛る。テーブルクロスは紅型の風呂敷です。

アボカドとえびのサラダ

スイートポテト（102頁）と同じように、中身を取った皮に、調理した中身を戻し入れるような料理が、母は好きでした。皮も、器と同じように思っていたのでしょう。

✿アボカドは縦半分に切る。中身を取り出して角切りにし、たまねぎ、茹でたえびなどとマヨネーズで和え、皮に盛る。

✿アボカドの皮が第一の器ですが、それを大正時代の型ガラスに置きました。緑や濃度の違う青など、ガラスの色も楽しめます。

タンドリーチキンといちじく、サフランライス

ロビンおじの奥様でインド出身のクレアおばさんが、この料理を食べさせてくれた覚えがあります。彼女も母と同じで、食材は買って来ても、自分で料理をしているのを私は見たことがありません。

東北電力会長の頃の次郎さん

鶏の骨付きももを、ヨーグルト、ターメリック、にんにく、しょうが、塩こしょうを混ぜた中に漬けておき、そのまま天火で焼く。いちじくはバターで炒めておき、天火で焼いている途中の鶏の周りに入れて焼く。サフランライスは、まず米を炒めて、サフランを浸した湯で炊く。

フルーツの前菜（44〜45頁）と同じ、ステンレス製の大きな器にサフランライスを敷き詰め、タンドリーチキンといちじくを盛ります。彩りはパセリ。布は更紗です。

コーンビーフ、ピクルス、パルミット

アメリカで長い間暮らしたことのある友人に聞いたのですが、アメリカではコーンビーフはかたまりで売っていて、家で茹でるものがあるそうです。私は缶詰しか知りませんでしたので、母に聞いてみたら彼女も知りませんでした。もっとも彼女は寄宿舎暮らしで、町中の商店などには行ったことがなかったのでしょう。

コーンビーフを作ってみようと思い、本など見ながらいろいろとやってみて、このようになりましたが、缶詰のコーンビーフとはちょっと違うものになりました。もしかすると、霜降り牛を使えば、缶詰のコーンビーフのようになるかも知れませんが、霜降り牛はそのまま食べた方がおいしいと思い、まだ試していません。両親にはいくらコーンビーフだと言っても、認めてくれませんでした。

塩漬け牛タン（98〜99頁）と同じです。コーンド（Corned）とは肉を塩漬けした、という意味のようです。くず野菜、塩こしょう、黒砂糖、香草を入れた水を煮立てて冷まし、肉を一週間ほど漬けておき、取り出したら柔らかくなるまで水から煮ます。ピクルスは市販のもの、パルミット（ヤシの新芽）は友人からいただいた缶詰です。

牧山圭男作の練り込み皿に、コーンビーフ、ピクルス、パルミットを盛り合わせました。

パイのせ松茸スープ

松茸の足（軸）などをちょこちょこと入れるだけで、食べる時にパイ皮を壊すと、本当によい香りがします。

✤ 松茸をちょっと炒め、スープを注し、冷めてから器につけ、パイ皮をのせて天火で焼く。卵豆腐の残りがあったので、中に入れました。

✤ スープを耐熱容器に入れパイ皮をのせて天火で焼いたら、伊万里大根文染付皿をソーサーにしていただきます。

松茸のホイル焼き

さるレストランで見た料理です（高そうなので注文しませんでしたが）。右頁のパイと同じく、ホイルを開けた時に、香り松茸と言うだけあって、何とも良い香りがします。しばし食卓が静かになりました。

アルミホイルを広げ、バターを敷き、裂いた松茸を並べて、酒をふりかける。きっちり包んで、フライパンで蓋をして焼く。すだちを添える。

ホイル焼きを、星野武雄旧蔵、ヨーロッパの色絵皿につけて、いただきます。中近東の帯を敷きました。

十一月

November

上：皇帝ダリア
下：椿・本白玉

鮭の冷製

父は塩鮭が好きで、よく一尾買って来ましたが、そんなに塩鮭ばかり食べているわけにもいかないので、塩出ししてこのような料理も作ったりしました。でもやはり父は、塩鮭とご飯の方が好きな様子でした。

生鮭ならそのまま、塩鮭なら大きな切身にして塩出しする。くず野菜や香草、白ワインを入れて弱火で鮭を蒸し煮にする。鍋のまま冷やし、鮭を取り出したら、鮭を蒸した汁をあたためてゼラチンを溶かし、鮭に塗る。最後にあさつきの小口切りをふりかける。つけ合わせの固茹で卵は縦に四つに切る。ブロッコリーは茹でる。茄子は焼いて適当な大きさに切る。セロリは適当な大きさに切る。プチトマトはへたも取る。
アイオリソースは、まず、パンを牛乳に漬けて搾る。擂り鉢ににんにくをこすりつけ、卵黄とその搾ったパンを入れ、擂りこぎで擂り、少しずつ油を足していってマヨネーズのようにする。鮭と野菜につけて食べる。

フランス製の皿に、鮭の周りに茹で卵や野菜を盛りつける。アイオリソースは日本の古ガラスに入れました。

スクランブルエッグにキャビア、イクラ、ウニのせ

少しずつ珍味が残って、喧嘩になりそうな時に作りました。

卵の殻の上部を切り取り、中身を出してスクランブルエッグを作り、殻に戻し入れる。その上に、キャビア、イクラ、ウニをのせる。たくさん並ぶとよい眺めです。

スクランブルエッグを入れた卵の殻を一つずつ、江戸後期の伊万里矢羽根文染付小鉢に入れる。それをそれぞれ漆塗りの小皿にのせて、トーストしたパンを添えました。

鶏と栗の煮込み

父は栗が大好きで、昔、栗を植えて栗林を作っていました。その栗林は、私達が鶴川に家を建てる時に、数本を残してなくなってしまいました。

鶏の骨付きももを二つに切り、塩こしょうしておく。栗は皮をむき、さっと茹でておく。小たまねぎとマッシュルームはちょっと炒めておく。ベーコンは適当な大きさに切り、さっと茹でておく。鶏ももを炒め、酒をふりかけ、ベーコンを入れ、水を足して煮込む。途中で栗、小たまねぎ、マッシュルームを入れてさらに煮込む。

昭和の益子大皿に豪快に盛る。

じゃがいもとトマトの重ね焼き

さる財界人の奥様が雑誌に書いておられた料理です。新しいお手伝いさんが来ると、最初に教える料理だそうです。簡単でおいしいので私もよく作ります。

じゃがいも、たまねぎ、トマトは薄切りにする。鍋に、じゃがいも、たまねぎ、豚の細切れを順番に重ねて並べ、塩こしょうして、その上にトマトをのせ、粉チーズをかけて天火で焼く。好みでパセリのみじん切りをかける。

鉄鍋を籠に入れました。テーブルクロスはサンローランのスカーフです。

クーグロッフ、かりんジャム

鶴川の自宅にて

かりんのジャムを、母は毎年楽しみにしていました。かりんは切るのが大変ですので、生返事をしていますと、どこからかかりんを山のように手に入れて来て、かえって大変になり苦労するので、早目に手を打つことにしていました。母は、赤いジャムを透明のガラスの壺に入れて、朝日にかざし、いつまでも見ていました。

母は時々、小分けに切られた好みのクーグロッフを何切れか買って来ていましたので、私が作ってみても、お気に召しませんでした。おいしいとお世辞の一つも言えばよいのにと思いましたが、いかにも母らしいとも思いました。

かりんは皮ごと薄く切り、水に漬ける。水を替えて、弱火にかけ火を通す。煮えたかりんを取り出し、ガーゼの袋に入れて吊しおき、汁を搾る。その汁に砂糖を入れて煮詰める。
クーグロッフは、強力粉、卵、バター、牛乳、砂糖、イーストで生地を作り、干しぶどうを混ぜ、型に入れて焼き、粉砂糖をふる。最近はパン焼き器で簡単にパン種が作れるので便利です。

クーグロッフをのせた皿は19世紀オランダの絵皿。りんごの器は大正時代のもの。かりんジャムを入れたガラスの小壺は母の大好きだったガラス瓶で、同じく大正時代のもの。

十二月

December

上：紅葉
下：椿・黒侘助

鯛のあら煮

一尾の鯛の身は父と母が食べて、私のためのあら煮です。と言いますと、親孝行のように聞こえますが、私はあら煮が大好きなのです。父が欲しがると、ちょっとだけむしって分けてあげました。

鯛のあらは塩をして、熱湯を通したあと水に晒し、醤油、酒、砂糖、水で炊く。炊き上がったら、針しょうが、または木の芽を散らす。

江戸後期作の丹波鉄釉大鉢に、鯛のあら煮を豪快に盛る。赤い布はインドネシア製。

島らっきょうとこのわた

島らっきょうは塩漬けのものです。削り節を散らしていただきます。このわたは、茄子のお皿が可愛いので使ってみました。

島らっきょうは伊万里筍文染付角鉢に、このわたは伊万里茄子型小鉢に入れました。どちらも江戸後期の作。

ほうれん草のおひたし

採りたてのほうれん草があれば、おひたしと決っていました。根の赤い部分は鉄分が多いからと言われて食べていましたが、栄養の鉄分より、味の甘味が楽しみでした。

明治の織部隅入角小鉢をたくさん用意し、おひたしを少しずつつけました。テーブルクロスはバティックです。

越前がに

冬になると、よく両親に頼んで、京都の丸弥太さんから取り寄せてもらい、皆で夢中で食べたものです。食べた後の殻を器にして、三つ葉入りの卵とじを作るのも楽しみでした。甲羅酒もおいしいのですが、お酒を飲みながらかにを食べて、酔っぱらってしまい、甲羅酒まで手が回りませんでした。かには甘酢ではなく、しょうが汁とお酢だけでいただきます。

大きな籠に、茹で上がった越前がにとこっぺがに（ずわいがにの雌）を数杯ずつのせました。

豚肉と大根の煮物

母は、豚肉より大根の方がおいしいと、大根ばかり食べていました。

豚の肩ロースかバラ肉を角切りにし、小麦粉、卵、塩を混ぜた衣をつけて、揚げる。適当な大きさに切った大根を土鍋に並べ、その上に揚げた豚肉を置き、湯を注し、醬油、酒、塩を加えて煮る。

煮物の土鍋は福森雅武作。

湯葉と豆腐の豆乳鍋

これも私のお気に入りのお店で食べたものです。父母に食べさせたことはありませんが、いかにも母が好きそうな鍋です。豆腐を食べなかった父は、おそらく手をつけなかったと思いますが、湯葉を食べているのは見たことがあるので、もしかすると手をつけたかも知れません。

✤豆乳を昆布だしで伸ばし、豆腐と生湯葉を入れる。豆乳で煮ていると、また湯葉ができます。

✤こちらも福森雅武作の鍋と水コンロです。

里いもの煮ころがし

本など見ると、よく「里いものぬめりを取り」と書いてありますが、母はその「ぬめり」が好きでした。

✿ 里いもは皮をむく。濃いだし汁に酒、薄口醤油、塩、みりんを入れて里いもを煮る。ゆずの千切りかおろしたものをかけていただきます。

✿ 江戸後期作の瀬戸黒釉菊花文片口に小いもをたくさん盛って、根来隅切盆にのせます。

花豆のお赤飯、漬物

軽井沢のあたりでは、お赤飯と言えば、花豆です。父はよく花豆だけをつまんで食べていました。

✿ 花豆は水に漬けて戻し、薄甘く煮る。軽井沢あたりでは、花豆の漬け汁は色があまりよくないので、糯米に食紅で色をつけて炊くらしいのですが、私は何か抵抗があり、花豆の漬け汁と、小豆の漬け汁を混ぜて炊いています。小豆は後でおしるこなどにしています。漬物は白菜とべったら漬けです。

✿ お赤飯を明治の塗飯櫃につけ、彩りに南天をのせました。ごま塩の器は、幕末の丹波鉄釉塩壺。漬物を入れたきれいな色絵磁器は、九谷の陶芸家、正木春蔵の作。

干し柿

私が子どもの頃は、甘い物と言えば、庭になる柿の実くらいのものでした。柿の赤い皮をむくと、黒っぽい中身が見えて、きりなく食べたものです。あまりに子どもの時に食べたせいでしょうか、今では眺めるだけになってしまいました。

皮をむいて中が白っぽいと渋柿なので、紐でへたのところを縛り、軒先に吊して、甘くなるのを楽しみにしたものです。写真の干し柿は、北陸よりいただいたものです。

鶴川の家の庭に立つ柿の木

室町時代の根来三方《さんぼう》に和紙を敷き、干し柿をのせました。小ぶりで、大変かわいらしい根来です。

白洲次郎・正子　略年譜

白洲次郎、正子夫妻。1950年代

白洲次郎（しらす・じろう　一九〇二～一九八五）

一九〇二（明治三十五）年二月十七日、父白洲文平、母芳子の次男として兵庫県武庫郡精道村（現・芦屋市）に生まれる。祖父退蔵は三田《さんだ》藩の家老で、父は綿貿易で財を築いた。兵庫県立第一神戸中学校（現・兵庫県立神戸高等学校）卒業後、イギリスのケンブリッジ大学クレア・カレッジに留学。帰国後の二九（昭和四）年、樺山正子と結婚。英字新聞社ジャパン・アドヴァタイザー、セール・フレーザー商会を経て、日本食糧工業（のちの日本水産）取締役に就任、以後頻繁にイギリスへ赴き、当時駐英大使だった吉田茂と親交を深める。四三年、東京郊外の鶴川村（現・町田市）に転居、農業を営む。四五年の敗戦直後、吉田茂外相の要請により、終戦連絡中央事務局参与（のち次長）に就任、日本国憲法誕生までの現場に立ち会うなど、ＧＨＱとの折衝にあたる。貿易庁長官、東北電力会長を歴任。五一年、首席全権委員顧問としてサンフランシスコ講和会議に出席。その後大沢商会会長、大洋漁業役員等を歴任。晩年は軽井沢ゴルフ倶楽部の運営に情熱を傾けた。八五年十一月二十八日、八十三歳で逝去。遺言書は「葬式無用　戒名不用」の二行だけだった。

白洲正子（しらす・まさこ　一九一〇～一九九八）

一九一〇（明治四十三）年一月七日、父樺山愛輔、母常子の次女として東京市麴町区（現・千代田区）に生まれる。父は貴族院議員や枢密顧問官を務め、実業界でも活躍。父方の祖父樺山資《すけ》紀《のり》は薩摩藩出身の伯爵で海軍大臣、台湾総督など歴任。母方の祖父川村純義も鹿児島出身の海軍大将。幼い頃から梅若六郎（のちの二世梅若實）に能を習い、十四歳のとき、女性として初めて能舞台に立つ。学習院女子部初等科を修了後、アメリカ・ニュージャージー州のハートリッジ・スクールに留学。帰国後の二九（昭和四）年、白洲次郎と結婚、二男一女を得る。古典文学に親しみ、小林秀雄や青山二郎らとの交流を深め、骨董に傾倒する。初の著書刊行は四三年の『お能』。その後も能面を求め、日本各地を旅する。五六年から七〇年まで銀座の染織工芸店「こうげい」の経営にあたり、古澤万千子や田島隆夫など、多くの工芸作家を見出し、世に送る。六四年『能面』、七二年『かくれ里』で、読売文学賞を二度受賞。『明恵上人』『十一面観音巡礼』『日本のたくみ』『西行』など、旺盛な執筆活動を続け、多くの読者を得る。九八（平成十）年十二月二十六日、八十八歳で逝去。

嫌いな物はまずい物だけ
～あとがきにかえて

牧山桂子

この本を見てくださった方々の中には、白洲の家はなんと毎日カロリーの高い食事をしていたのだろうという感想をお持ちになった方もおありだと思いますが、毎日この本のような食事をしていた訳ではありません。

どちらのお宅にも御経験のあることだと思いますが、買って来た棒寿司を竹の皮ごと食卓にのせて食べたり、パックに入ったままのお惣菜に箸をつけたり、前の日の残り物の皿のラップを半分開けて食べたりということもありました。何もない時は解凍したごはんに、瓶の底に僅かに残った佃煮や、梅干しに海苔などで食事を済ませることもありました。そのような時でも母は、何にもないというのはそれなりに美味しく楽しいものだというふうに自分の気持ちをもっていく技には長けておりました。

母は私の運転する車で出かけた時に、助手席で突然腹がへったと言い出し、小さな子どものように言い続けることがありました。苦肉の一策でコンビニに車を停めておにぎりとカップの味噌汁を買い、味噌汁に湯を注いでもらって食べさせたり、サンドイッチにペットボトルの紅茶を買ったりしたこともあります。コンビニが名前の通りコンビニエンスだと知らなかった母は、おにぎりの海苔が湿気ない工夫や、お湯を注ぐだけの味噌汁などに感激し、それらの味に飽きるまでしばらくの間は出かける度にコンビニの食事を私にねだったものです。

母は、夏のお昼ごはんには三日にあげずにそうめんを食べていました。あまりそうめんの好きではなかった父のいるお昼は困ったもので

如月、紅梅が見ごろの旧白洲邸武相荘

す。別のものを作るのが面倒で何か良い考えはないかと思っていたところ、関西ではあたり前の魚そうめんが頭に浮かびました。魚そうめんはだし汁の中に魚のすり身の麺が泳いでいるもので、もしかするとそうめんが浸っている氷水をだし汁にしてみれば、関西生まれの父は食べてくれるのではないかと思い、試してみると大成功。それ以後喜んでそうめんを食べるようになりました。でも料亭のようにちゃんととっただし汁を毎回使うのは叶わず、だしの素も使っていました。本当においしいのでぜひお試しください。

最近は便利な食品が色々と登場しています。大変な労力を伴うようなものでも企業の力により、簡単に私たちの手に入ります。自分で手をかけるよりも美味しければ、その方が便利ですし私もしばしば利用しますが、これが堕落の始まりかも知れません。(何の脈絡もありませんが、母は手作りという言葉、絵手紙という言葉、レシピという言葉が嫌いでした。)

青年時代にイギリスで一人暮らしをしていた父は、アメリカで寄宿舎暮らしをしていた母と違い、衣食住には手のかからない人で、朝ごはんなどは、前の晩にテーブルの上に食器やお湯を沸かす電気ポット、コーヒーなどを出しておけば、一人でコーヒーを入れ、勝手にしていました。冷蔵庫から大好物の桃やリンゴを出し、彼が蛮刀と呼んでいた木の柄のついたナイフで皮をむき、パンをトースターで焼いて食べていました。蛮刀が切れなくなると、台所に父のために置いてあった砥石で、父はよく研いでいました。包丁を研ぐのは、いつも父任せに

春、武相荘に咲く桜
撮影・速水諄一

自宅の囲炉裏端に座る正子さん

して覚えようとしなかったことを、今では後悔しております。

東京の家にも、ウィスキーの入っていた木の箱にお米を入れて鶴川から持って行き、小さな炊飯器を買い込んでごはんを炊いていました。私に、カレーを作って小さなビニール袋に小分けにして冷凍してくれと言ってそれを持ち帰り、解凍して自分で炊いたごはんにかけて食べていました。

また、当時日本に進出してきたハンバーガー屋さんや、スーパーのお寿司なども時々利用していたようです。

母のために朝食のコーヒーやパンを買って来るのも父の仕事で、母のパンに対する細かい注文に嫌な顔もせず引き受けていました。フレンチローストという強めに焙煎したコーヒーが二人のお気に入りでした。

買い物でポイントが貯まるなどということを知らなかった父のために、店員さんは父がコーヒーを買う度にポイントシールを取っておいてくれて、ある日コーヒーが一袋貰えたとびっくりして帰って来たこともありました。

父は他にも当然知っていると思われることを知らなくて、驚かされることもありました。その一つに健康保険があります。彼の健康保険に対する理解は、生活に困っている人達が利用するもので、曲りなりにも収入のある自分が使っては皆に迷惑がかかるというものでした。私も一度中耳炎で病院へ行き実費で支払った憶えがあります。健康保険の制度は彼が五十代の頃に確立されたものらしく、それまで何とも

冬、庭を椿・紅妙蓮寺が彩る
撮影・速水諄一

なく見過していたのかも知れません。どこかの会社で説明を受けたのか、理由はわかりませんが、ある時からありがたいものだと理解するようになりました。

母はちゃっかりと文藝家協会で健康保険に加入させていただき、使っておりました。

払うものは払える人が払うものだというのが父の考えでした。今は知りませんが、かつては政府の仕事をしていた人には生涯使える国鉄の乗車パスが交付されていましたけれども、父はそれもお返ししてしまいました。

＊＊＊

この本のために一年以上にわたり、撮影をしていただきました。撮影ごとに献立を作り、撮影が終わった後は「食べ手」と呼んでいた人達を招《よ》んで毎回大宴会をしていました。それはそれでとても楽しいものでしたが、ある日ふと、今日は肉料理の日、魚の日、お菓子の日などと日を決めて撮影し、その場で食べなければ、あまり味つけも気にしないで合理的に早く進むのではないかと思いました。写真の野中さんにその提案をしますと、野中さんに食うのと食わないのとでは写真の出来が違うと言われ、納得いたしました。そう思って考えてみますと、作る方も、おいしいだろうかとか、こうしたらどうだろうとか、他の楽しい話題を交しながらの食事が後に控えていると思う方が、撮影のためだけに作るより、気合が入るというものです。

私自身のためにも良いことがたくさんありました。以前はある料理

囲炉裏の間でくつろぐ次郎さん

ウィスキーのボトルから次郎さんが作ったコップ（左端）と、
牧山圭男氏が次郎さんのために焼いた陶製ビアマグ

を作ろうと思った時に材料が一つでも足りなければ買いに行ったり、作るのを諦めたりしていました。また、明らかにその料理に合うであろう皿を十数歩しか離れていない食器棚に取りに行くのが面倒で、台所にある皿で間に合せたりしていました。今では材料は何か他のもので代用できないかと考えて、作れるようになりました。不思議なもので代用品の方がおいしく、それからは代用品が定着してしまった料理もあります。また十数歩先の食器棚にも皿を取りに行けるようになりました。

　母はよく、年を取っても人間は進歩するものだと言っており、当時は彼女の負け惜しみだと思っていましたが、あながち負け惜しみではなかったと思えるようになりました。また字を書くことで、忘れていた漢字の数々も思い出すことができました。

　早いもので、父が亡くなって二十余年、母が亡くなって十年が経ちます。その間に我が家の食事も少しずつ変わってきて、外で食べた際にこれは作ってみようなどと思う料理に出会うこともしばしばあります。それらを作って両親に食べさせたら喜んだだろうと思った料理も、この本の中に入れてみました。

　父には嫌いな食物が色々とありました。理由を聞くと、子どもの頃に大病をしたため、周囲の大人に体に良いから食べろとさまざまな食物を強要されたせいだそうです。それ故か、私は父から食べろと強要されたこともなく、子ども時代こそ色々と嫌いな食物がありましたが、打って変わって今は嫌いな食物はありません。嫌いな食物は、と訊か

冬、うっすらと雪化粧された武相荘
撮影・速水諄一

れれば「まずい物」と答える以外ありません。

先日テレビで見たのですが、英国で三歳から十八歳までハムサンドイッチしか食べたことのない少年が紹介されていました。いくら検査しても少年はまったくの健康体で、更に検査したところ、先天的に生きて行くのに必要なものを作り出すことのできる体なのだそうです。これは、体が欲する食物を食べろという指示のできる頭脳と野性の本能を持っている人達だけに許されることなのでしょう。父がもしそのような本能を持っていたとすれば、野菜を食え食えと強要したのは彼に気の毒なことをしたと思います。

両親共、定期健診を受けていたかどうかは定かではありませんが、食事制限もなく食べたいものを勝手に食べていました。父はよくお酒を飲んだ直後に甘い物を食べ、それからまたお酒を飲んでいました。よくあんなものが酒を飲みながら食えると思って見ていましたが、私も年を重ねてふと気がつくと饅頭などを頬張っていて愕然とすることがあります。何か体が欲しているのかも知れません。

食事を作る人は、そのような本能があれば自分が食べたいと思う食事を作る傾向にあるので、自身の健康には得をしているとも言えましょう。女性が食事を作ることの多かった今まで、女性の方が長生きなのはそのようなことに起因しているのかも知れません。

男性が食事作りに参加することの多くなった現代では、それも変わって来ることでしょう。母は自分の食べたい物を強硬に主張しておりましたので、この伝ではありません。

著者略歴

牧山桂子《まきやま・かつらこ》

一九四〇年、白洲次郎・正子夫妻の長女として東京に生まれる。二〇〇一年十月に旧白洲邸「武相荘」を記念館としてオープンさせ、現在に至る。著書に『白洲次郎・正子の食卓』『次郎と正子　娘が語る素顔の白洲家』、共著に『白洲次郎の流儀』『白洲正子と歩く京都』『白洲次郎と白洲正子　乱世に生きた二人』（以上新潮社）などがある。

料理撮影　野中昭夫
装幀　熊谷智子

白洲《しらす》次郎《じろう》・正子《まさこ》の夕餉《ゆうげ》

発　行　二〇〇八年一一月二〇日
三　刷　二〇一三年　七　月一五日
著　者　牧山桂子《まきやまかつらこ》
発行者　佐藤隆信
発行所　株式会社新潮社
〒一六二-八七一一　東京都新宿区矢来町七十一
電　話　編集部　〇三-三二六六-五六一一
読者係　〇三-三二六六-五一一一
https://www.shinchosha.co.jp
印刷所　凸版印刷株式会社
製本所　大口製本印刷株式会社

乱丁・落丁本は、ご面倒ですが小社読者係宛お送りください。
送料小社負担にてお取替えいたします。
価格はカバーに表示してあります。

ISBN978-4-10-303754-5　C0095